AMOR AMOR
DEL NO AL SÍ

Alicia Esparza

Amor Amor… Del no al Sí

Copyright © 2021, Alicia Esparza
Portada Copyright © 2021, PIXEL Diseño y Publicidad
ISBN: 9798745269127

Todos los derechos reservados.

Enlace de Contacto con Alicia Esparza

Facebook

https://www.facebook.com/Alicia-Esparza-104359865117034/

ÍNDICE

Introducción 1

Capítulo 1. Amor a Primera Vista..................3

Capítulo 2. ¿Quién Soy, Quién Eres? 7

Capítulo 3. ¡Hola, Qué Tal! 10

Capítulo 4. Una Sonrisa 12

Capítulo 5. Ahora o Nunca 14

Capítulo 6. Un Error 18

Capítulo 7. Amor a la Antigüa 20

Conclusión 33

DEDICATORIA

Dedico este libro a mi esposo e hijos. Gracias por desbalancear el Universo a mi lado. ¡Los amo!

AMOR AMOR

DEL NO AL SÍ

Alicia Esparza

INTRODUCCIÓN

¡Hola! Soy Alicia, nací en un pueblito llamado Estancia de Ánimas localizado en el bello estado de Zacatecas, México. Mis papás tenían una casita pequeña, pero muy acogedora, que solíamos visitar en temporadas. Yo nací en un cuarto de esa casa. Era un 17 de abril cuando mi madre empezó con dolores de parto, estaba ahí, acostada en la cama esperando a que llegara el doctor mientras yo me manifestaba ansiosa por salir. El médico llegó cuando yo ya venía casi afuera. Cuentan que ese era un día soleado pero cuando asomé mi cabecita al mundo el cielo se nubló y empezó a llover. Contaba mi abuelo materno que esa lluvia representaba las lágrimas de mi abuela que ya se encontraba en el cielo y que estaría cumpliendo años justo ese día. Mi abuelo creía que ella lloraba de alegría. En realidad nunca supe lo que significaba para él el hecho de que yo haya nacido en esa fecha. Pero sé que esa lluvia representó para él la presencia de su amada esposa. Así que si me preguntan a mí: ¡yo hice una entrada triunfal y memorable!

Soy de la idea que todos venimos predeterminados para vivir cierto tipo de experiencias: buenas, malas, excitantes, abrumadoras, etc. Y creo en la Ley de la Sincronicidad, es decir 'todo lo que ocurre tiene una razón.' Yo, por ejemplo, considero que los sucesos emergidos durante mi nacimiento son el origen fundamental de mi espíritu autónomo. Las 'lágrimas de alegría' constituyen para mí un amuleto que me acompañará toda la vida. Y he adaptado su significado según la circunstancias. Para mí representan en su finalidad que si voy a llorar tienen que ser lágrimas de alegría y si no son ese tipo de lágrimas entonces esa situación, persona, lugar, etc. no necesita estar en mi vida.

Crecí en un ámbito tradicional, con ideas y pensamientos tradicionales. Desde niña a uno le van inculcando ciertos 'deberes' e 'ideas.' Conforme vas creciendo estas suelen acompañarte y, quieras o no, a veces generas ciertos prejuicios. Yo descubrí que poseía diversas ideas preconcebidas, pero nunca les di demasiada importancia ya que no solían afectarme, ni perjudicaban a otros. Y así seguí mi camino, hasta el día en que me enamoré. Me enamoré de alguien que vino a desafiar todo lo que yo consideraba que era correcto: retó todas mis ideas preconcebidas. Me puso en guerra conmigo misma. Y al final me regaló 'lágrimas de alegría.'

De él les vengo a contar…

CAPÍTULO 1- AMOR A PRIMERA VISTA

Todos, en algún momento de nuestras vidas, hemos escuchado o empleado el término "Amor a primera vista." Yo recuerdo utilizarlo excesivamente durante mi adolescencia. Era como el padre nuestro en la edad donde todos o todas te gustan. Es un amor donde no existe nada más que la ilusión. Ese que te pone nervioso con el simple hecho de escuchar su nombre. Es un amor que te hace soñar despierto. El que no sabes hasta que punto es real o imaginario. Donde ves a la persona y no estás segura qué te gusta de él o ella, pero ahí estás embobadísima ¡jurando que es amor!

"Amor a primera vista," una frase que usualmente acababa por rompernos el corazón. Porque a veces terminábamos perfeccionando a la persona y le montábamos atributos exagerados. Luego pasaba que el castillo de arena que nos construímos se desmoronaba en el momento en el que la conocíamos porque ni era, ni se asemejaba al príncipe o princesa que nos imaginamos. Y llorábamos un rato, hasta que aparecía nuestro siguiente "amor."

Así era la adolescencia, llena de sueños e ilusiones, donde cualquier obstáculo era diminuto comparado con las ganas que teníamos de comernos el mundo de un bocado. Reíamos con la comicidad de vivir una relación "de verdad." Ésas que solíamos ver en las telenovelas porque la realidad era que no teníamos ningun otro referente. La historia era la misma. El guapo y adinerado se enamoraba de la chica pobre y nos hacían creer que esos eran los amores 'de verdad.' Los amores sinceros y palpables con un final de felices para siempre. Y es que, honestamente, ¿quién no se enamoró del galán de las telenovelas? Si hasta nuestras mamás nos decían, "mira ese es tu papá." Y nosotros, según la edad, podíamos hasta imaginarnos tal suceso. Yo recuerdo la novela de Alcanzar una Estrella, donde el galán se enamora de la nerd. Y sí, yo a mis ni siquiera 10 años, imaginaba que era la nerd. La verdad es que siempre fui muy soñadora, muy imaginativa y muy enamorada del amor.

Conforme pasaron los años, y como era de esperarse, rompí el corazón y me rompieron el corazón en mil pedazos. ¡Un par de veces, o más, quizás! Aprendí justamente a distinguir que era lo que definitivamente no quería. Me reconstruí. Llegué a la conclusión de que lo que yo buscaba no existía. Así que la idea de casarme quedaba descartada. ¿Tener hijos? ¡Bah! Yo no iba a traer hijos a este mundo que estaba de cabeza.

Me dediqué a vivir mis sueños. Empecé a viajar, a amarme, a aprender cosas nuevas, desempeñarme en diferente cosas y conocí mucha gente. Era feliz sin comprometer mi corazón. Me sentía satisfecha y plena haciendo lo que hacía.

En medio de mi plenitud y mi armonía, como dicen por ahí, cuando menos lo esperé, cuando menos lo busqué y cuando menos lo imaginé, la vida me cruzó con alguien que desbalancearía por completo mi mundo. Es una de esas situaciones irónicas donde si lo planeas no te sale y si no lo planeas cae redondito. Y así le sucedió a él… Todo comenzó en mi camino por la docencia.

Un día yo platicaba con unos alumnos después de clase y a lo lejos me veía un chico. Es algo de lo que yo no me percaté. Generalmente soy muy despistada, así que aunque él se hubiese encontrado cerca dudo que lo hubiera notado. Él llevaba la materia que yo impartía con otro maestro así que era la primera vez que me veía. No sabía quien era yo y, lógicamente, yo no sabía quién era él.

Según su relato, él iba de prisa y el sol brillaba de tal forma que los rayos iluminaron mi silueta con gran intensidad. Yo llevaba puesto un vestido blanco a la rodilla con bordados de colores, el cabello suelto y tenía la sonrisa más bella que jamás haya visto.

"¡Qué hermosa!" pensó mientras su corazón latía a mil por hora, "¿quién será? Quizás es una chica de nuevo ingreso."

Quiso acercarse con los jóvenes con los que yo platicaba pero me di la media vuelta y entré al salón. De igual forma, él tenía que irse. Ya me conocería en otra ocasión. Sin embargo, se desconcertó por el alboroto de mariposas en su estómago. Se fue caminando con mi sonrisa impregnada en su mente. Preguntándose en si tendría pareja, en qué carrera estudiaba y si era buena onda o creída. En su mente, empezó a calcar una imagen sobre mí. No estaba seguro de nada, lo que sí era cierto es que lo suyo era ni más ni menos que "amor a primera vista."

CAPÍTULO 2- ¿QUIÉN SOY, QUIÉN ERES?

Hablar de uno mismo es un tema complicado. Por lo regular queremos vernos bien ante los ojos de los demás y omitimos todo eso que, aunque es parte de nosotros, podría hacernos ver no tan perfectos. Yo, por ejemplo, cuando hablaba de mí era siempre de mis logros académicos o profesionales. Y la verdad es que podía hacerlo por horas, porque ya lo tenía muy practicado, entonces era un discurso que ya me sabía. Conforme producía más cosas le iba agregando a la historia. Pero ¿quién era yo realmente? ¿Quién era yo, la mujer, no la profesionista ni la académica? Pensar en eso me generaba ansiedad. Temblaba, me sudaban las manos y no lograba descifrar un párrafo que me describiera. Si hablaba de mi yo interior era dejar entrar a las personas a mi corazón y no estaba dispuesta a hacerlo. El amor, en todas sus modalidades- pareja, amistades, familia- me volvía muy vulnerable y esa parte la trabajaba para mantenerla resguardada.

Me cuenta él, que desde el día en que me vió hasta el día en que me conoció pasaron muchos meses. Y es que, al siguiente día de verme, se dió a la tarea de investigarme. Descubrió que no era una alumna, sino una maestra. Y absolutamente nadie de mis alumnos quería que se me acercara y se rehusaron a presentarme. Dice que intentó aproximarse de mil maneras; que me saludaba y trataba de hablarme y aunque le regresaba el saludo, la verdad es que yo nunca lo veía! Los alumnos y alumnas solían expresarse bien de mí, y él, entre más escuchaba, más quería conocerme. Aunque suponía que yo, por ser maestra, nunca me fijaría en él. Le causaba entusiasmo imaginarse lo contrario.

Como alumno, él no era precisamente de los de buen promedio ni el consentido de los profesores. Y no era que no le importaran sus estudios, de hecho se esforzaba muchísimo por no fallar. Sus responsabilidades fuera de la universidad le obstaculizaban llevar una vida de estudiante plena. Él trabajaba por las tardes/noches en coffee-bars o cafeterías y estudiaba por las mañanas. No contaba con ningún otro apoyo económico más que con su sueldo. Rentaba una casa que compartía con otros estudiantes, que al igual que él, eran foráneos. Y aunque todos eran aproximadamente de la misma edad, la madurez que él manejaba traspasaba su edad y la de otros tantos mayorcitos. Su experiencia de vida lo habían obligado a madurar desde muy chico. Su ímpetu por sobresalir y obtener una mejor calidad de vida lo impulsaban a seguir estudiando, aunque esto implicaba que la mayor parte del tiempo estaba cansado, comía mal y dormía muy poco.

Pensar en que la maestra de su escuela se fijaría en él era realmente un sueño utópico. Él era una persona que no se daba por vencido fácilmente. Y, aunque no sabía describir por qué, él sentía una fuerza surreal que lo atraía a mí y no lograba sacarme de su mente. Estaba convencido que tenía que conocerme y, si el universo conspiraba… conquistarme.

Poco sabía el pobre chico que yo no estaba dispuesta a ser conquistada o por lo menos eso creía yo.

CAPÍTULO 3- ¡HOLA, QUÉ TAL!

Conocer gente nueva era siempre algo muy enriquecedor para mí. Cuando me integré a dar clases lo hice con un gusto enorme, pero jamás imaginé lo maravilloso que sería. Había llegado para aportarles un poco de lo que sabía, pero la realidad es que cada uno de mis alumnos y alumnas me regalaban mucho más de lo que yo pudiera darles. Compartimos risas, lágrimas, abrazos, logros y diseñamos inumerables recuerdos. Los vi crecer tanto que realmente mi etapa en la docencia la califico como una de las mejores etapas que la vida me regaló.

Por lo regular tenía los mismos grupos. Cada semestre había posibilidad de que se integraran nuevos alumnos, pero eran casos raros. De repente había uno o dos valientes que ingresaban a medio semestre por cuestiones de horario. Un día, él entró a mi salón. "Hola, qué tal maestra voy a llevar su clase," me dijo. Me dio la impresión de que quería llamar mucho la atención haciéndose el gracioso. Por instinto, rechacé ese singular humor, creo que hasta me cayó un poco mal. Pero no había nada que pudiera hacer. Ya se había inscrito a mi grupo.

Él, por su parte, se sentía soñado, ahí estaba yo, tan cerca y tan lejos. No era una materia que le apasionara, incluso le ocasionaba dolor de cabeza tener que modificar horario para poder asistir a mi clase. Pero no le quedaba de otra, quería conocerme y tenía que aguantar.

Al poco tiempo, me mandó solicitud por la red social de Facebook. Al ser mi alumno, lo acepté, ya que algunos alumnos solían formar grupos para pasar tareas. Llegamos a coincidir algunas veces. Él intentaba hacerme plática, haciendo preguntas muy generales. Poco a poco entendí su humor, era bastante llevadito, pero nunca me faltó al respeto. En ocasiones me lanzaba uno que otro piropo, pero la verdad es que yo no le daba demasiada importancia.

Las "pláticas" por mensaje eran fluídas, cosa que no pasaba cuando estabamos frente a frente. En persona no hacíamos 'click.' Yo lo eludía y era demasiado cortante. Era un alumno al que conocía poco, así que aún no establecíamos ningún vínculo. Mi actitud hacia él significaba más de lo que yo me podía imaginar en esos momentos. Yo tenía la capacidad de alegrarle o arruinarle su mañana.

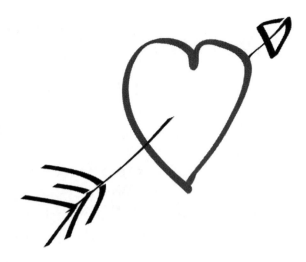

CAPÍTULO 4- UNA SONRISA

¡Yo me convertí en su mayor dolor de cabeza! Él estiraba y estiraba y yo más retrocedía. En diversas ocasiones él deseó que yo le cayera mal. El problema radicaba en que yo realmente le gustaba; aún y con mis pedanterías de maestra inalcanzable.

Una mañana, al salir ambos de nuestras respectivas clases, nos encontramos en el patio de la escuela. De pronto, me saluda y empieza a platicarme sobre un conflicto que tuvo con un maestro mientras me extiende la invitación a desayunar. Yo, en mis cinco minutos de chisme, claro que le acepté la invitación. Me hizo reír tanto, ¡que hasta me cayó bien! Y él se dio cuenta que, después de todo, yo no era tan sangrona.

Él era un chico que se demostraba y hablaba con mucha seguridad. La mañana se nos hizo corta y quedamos de seguir la plática en otro momento. Él sintió, por primera vez en mucho tiempo, que yo lo vi. Y la verdad es que así fue. Nunca le había puesto atención; No le encontraba la razón para hacerlo. Pero este día, me hice de un amigo, que además era el alumno que, hasta ese momento, me caía un poco mal.

Cada quien siguió su camino. Él se fue sonriente. Ya habíamos quedado en que nos volveríamos a reunir uno de esos días para ir a comer o cenar y seguir con la plática. Sólo era cuestión de coincidir en fecha y horario. Yo me fui sonriente, la verdad no sé porqué, ¡pero me fui sonriente! Platicar con él había sido realmente rico.

CAPÍTULO 5- AHORA O NUNCA

Recuerdo que yo había tenido una semana bastante ocupada. Quería llegar a mi casa, poner una película, comer palomitas y no levantarme hasta el siguiente día.

Él, por su parte, no iba a trabajar ese día así que vió la oportunidad de hacerme cumplir la promesa de irnos a comer. Me buscó después de clases y, con su manera tan peculiar, me dijo "¡le toca la comida maestra!" No me quedó de otra más que reírme y darle la razón. Total, ¿qué podía perder?

Nos fuimos a deleitar unas hamburguesas de lo más deliciosas. En realidad no sé si estaban tan deliciosas o su compañía hizo que se sintiera así. Como era de esperarse, la tarde se nos hizo noche ahí sentados, platicando. Él tenía una historia de vida que podría compararse mucho con la mía. Hubo momentos que sentía que él me describía al hablar de sí mismo. Hubo otros momentos en que no lo escuchaba por estarlo viendo. Y es que no me había dado cuenta que ¡tenía unos ojos bellísimos!

Yo le relaté mi discurso, ese que solía usar siempre que hablaba de mí. Pero él era más profundo. Él hablaba con el corazón. Él era genuino. No parecía aparentar lo que no era y decía exactamente lo que quería, sentía y percibía. Y él deseaba saber quién era yo, realmente yo. Y me temblaban las manos, se me quebraba la voz y me notaba muy nerviosa. Hacía muchos, muchos años que nadie me hablaba así, que nadie me veía así, ni mucho menos que alguien quería saber realmente de mí. No de manera superficial, ¡sino real! A él parecía agradarle yo, no lo que pudiera beneficiarle de mí. No recuerdo exactamente la última vez que me sentí así—flotando extrañamente.

Y ahí estaba yo, tratando de descifrarme. Queriendo expresar lo que ni yo sabía poner en palabras. Hablé de lo que me gustaba hacer, comer y hasta de mi color favorito. Y el me veía. Sonreía. Y entre que yo hablaba y él hablaba le ganó su impulso y me dijo que era demasiado lo que yo le gustaba. Fueron mis nervios o fueron sus nervios, pero pedimos la cuenta y nos retiramos. El momento se hizo incómodo. Y es que a estas alturas yo ya sabía que le gustaba, sólo que no esperé que lo expresara, ni mucho menos que a mí me moviera internamente.

Salimos del lugar y cambiamos de tema. Me invitó a comer una nieve al jardín. Para ser honesta, ese detalle es lo que más me gustó. Este chico era un romántico y yo lo estaba disfrutando como si fuese una adolescente. Me abría la puerta del carro, me retiraba la silla, me miraba a los ojos y cada que lo hacía sonreía. Y por si fuera poco ¡su sonrisa era perfecta!

Él, por su parte, dice que sentía que estaba soñando. Yo era como él se había imaginado y ¡más! Manifiesta que yo aparentaba ser muy fuerte, muy empoderada, pero tenía alma de niña. Me sonrojaba muy fácilmente y se dió cuenta de que me temblaban las manos cuando él me decía algo bonito. No se la creía que él me estuviera poniendo nerviosa, claramente nerviosa. Se sorprendió cuando me emocioné de ir por una nieve. Él pensaba que tendría que lucirse demasiado para impresionarme y aquí estaba impactándome con una nieve. Yo le parecí demasiado sencilla para ser real.

Caminamos un buen rato por el jardín. Como esos enamorados de los pueblos que invitan a las chicas a dar la vuelta. Yo me sentía soñada. Me percibí como la actriz principal de una telenovela.

Él no podía dejar de observarme. Escucharme era como escuchar a una niña con juguete nuevo. Pero esta niña hacía que le latiera el corazón a mil por hora. Me tenía tan cerca. Podía oler mi perfume y deseaba tocar mi piel. Tenía miedo de acercarse, hacer un movimiento en falso y arruinar esta tarde que parecía tan perfecta. Lo pensó mucho, lo dudó más... era ahora o nunca... y sin aviso, se acercó, tomó mi rostro entre sus manos y me ¡plantó un beso!

Amor Amor...Del no al Sí

CAPÍTULO 6- UN ERROR

Esa noche yo no pude dormir pensando en ese beso. Yo no debí permitir que sucediera. ¡Era una locura! ¡Locura porque me gustó, porque correspondí, porque sentí todo aquello que no tendría que haber sentido! Yo—según mis prejuicios—estaba mal por donde lo viera. ¡Caramba! ¿Cómo pude dejarme llevar? Estaba abriendo una puerta a la persona menos indicada—¡yo, siendo mayor! ¡siendo su maestra!—¿dónde dejé la cordura? Sólo podía pensar en que debía hablar con él al siguiente día, decir que ese beso fue un error—¿por qué eso era, no? ¡Me había metido solita en tremendo zafarrancho! Y lo peor del caso es que, en el fondo, no me arrepentía de hacerlo.

Él tampoco pudo dormir. ¡La felicidad que le embargaba el corazón era colosal! No lo soñó, todo fue real. Había besado a, quien hasta hace unas horas, era su amor secreto. Y lo mejor de todo fue que no terminó en bofetada, si no todo lo contrario, ¡fue correspondido!! ¡Quería gritárselo al mundo! ¡La vida no podía ser más perfecta!

Pasaron algunos días cuando nos volvimos a ver y no fue precisamente un buen encuentro. Yo, entre pláticas ajenas, escuché un comentario que me hizo creer que él había dicho lo del beso a sus amigos. Yo enfurecí, me sentí traicionada, tonta—un vil mentecato que había servido para jactar un ego. Le pedí, con tal desprecio, que no se me acercara más. No quise escucharlo. Lo quería lejos de mí.

Lloraba de rabia, aunque mi actitud era el reflejo de un orgullo pisoteado. Claro que hubiese sido mejor que lo escuchara, pero al hacerlo, corría el riesgo de seguir con este disparate. Cortar toda relación con él en este momento era lo mejor para los dos. Éramos de dos mundos tan distintos, viviendo etapas diferentes. ¿Quién era yo para cortarle las alas? Y ¿Quién era él para destruir las mías? La vida me había puesto la excusa perfecta.

CAPÍTULO 7- AMOR A LA ANTIGÜA

Yo le sacaba la vuelta en horarios de clase. No quería verlo, pero a la vez deseaba hacerlo. Durante mi materia él se mantenía concentrado aunque yo me daba cuenta cuando me observaba. Lo sentía y me causaba una profunda tristeza. ¡No éramos, ni fuimos nada! Y aquí estaba yo, como una adolescente, queriendo extinguir emociones. En guerra entre el sentir y la razón, la mente y el corazón. Queriendo alejarlo…pero deseando que me abrazara…apartándolo con mil excusas…pero ideando en cómo acercarme… lo quería conmigo y lo quería lejos.

Él lograba ver a través de mi ojos y estaba convencido de que había tocado mi corazón y no estaba dispuesto a renunciar tan fácilmente. Sabía, por lo que le dije de mí, que las cosas materiales no me impresionaban. Así que tendría que ser muy creativo. Puso manos a la obra elaborando la 'Operación Conquista.' Dicha operación resultó más gratificante de lo que ambos hubiésemos imaginado.

¿En qué consistió la "Operación Conquista?"

Veamos…

OPERACIÓN CONQUISTA

Teresa

Me cambió el nombre para poder hablar de mí, conmigo. En la televisión Mexicana hubo una telenovela de nombre Teresa. La verdad es que yo nunca la vi; Ni él tampoco, pero había una frase famosa sobre el personaje y era: "eres mala Teresa." Y pues yo era mala, decía él. Así que me puso Teresa. Recuerdo que hubo algunas personas de la facultad que le preguntaron si me 'andaba tirando la onda.' Y él les dijo que no, que él se estaba ligando a una chava de nombre Teresa, que estudiaba derecho. Al escuchar yo eso, ya no tenía nada de que preocuparme, más que de sacármelo de la cabeza. Y eso, consideré que sería fácil.

Con la excusa de que no entendía algunos de los temas de mi materia, me pidió que lo asesorara. Dijo que sólo tendría libre los sábados por la mañana, ya que trabajaba todas las tardes. Necesitaba presentar el examen de TOEFL y yo era quién podía ayudarlo. La verdad es que sí quería ayudarlo, veía su empeño y al final del día era un alumno más. Nos pusimos de acuerdo para reunirnos un par de horas algunos sábados. Las reuniones fueron meramente de asesoría, no se tocaba el tema de lo sucedido. Y él estaba muy interesado en Teresa, así que no había nada más de que hablar. Parecía una chica genial y me daba gusto porque él merecía a alguien así. Poco a poco, durante la semana, entablábamos conversación, nunca nos faltaron las risas y hasta llegaba a bromear queriéndome buscar un novio. Con el paso de los días yo me relajé bastante. Era común encontrarlo cada mañana y nunca me faltó el "¡Buenos días maestra, usted siempre tan guapa!" Y así empezaba mi día laboral, con una sonrisa. A veces llegué a imaginar lo que hubiera sido si nos hubiésemos conocido en otras circunstancias, en otra época… en otra vida. Pero era lo que era y para adelante.

Notas

Un día terminé mis clases e iba de salida. Al llegar al estacionamiento me dirigí a mi camioneta y, al acercarme, vi mensajes escritos con marcadores de ventana en los parabrisas. Uno de los mensajes era un corazón con el nombre de Teresa. ¿Teresa? Lo leí extrañada. La única Teresa que se me venía a la mente era la chica que le gustaba a mi alumno y que estudiaba derecho. Me sentí confundida y molesta. En ese momento pensé que era alguien jugándome una broma. Alguien que en algún momento supo o se imaginó que algo pasaba entre él y yo. No podría ser él quién me estuviera jugando una broma. Era viernes y él no estaba en la facultad. Me fui a mi casa con un nudo en el estómago. Tendría que preguntarle a él cuando lo viera. No iba a perder el tiempo ni darle importancia ni a él, ni a esa Teresa, ni a esa broma, ni a quién se le haya ocurrido molestarme.

Querer ignorar el hecho era más fácil dicho que hecho. Toda la tarde me sentí molesta, de esas veces que no encuentras tu lugar, pero tampoco sabes qué en sí es lo que te molesta. Pudo ser que alguien se equivocó de camioneta. Pudo ser que el nombre de Teresa haya sido coincidencia con esa chica. Pudo ser esa chica que estaba celosa porque él me hablaba, ¡no hubiese sido la primera vez que ésto me pasaba! Pudo ser…pudo ser… pudieron ser tantas cosas pero entre más le pensaba más me enojaba. Y la mente empezó a hacerme jugadas—me lo imaginé a él con ella, ¡burlándose de mí! Mi imaginación daba para mucho y mi humor no andaba ¡nada bien! Pasé la noche dando las mil y un vueltas, pensando en esos mensajes: 'me gustas', 'te quiero', 'me encantas'… y finalmente 'corazón-Teresa.'

Éste último…aarrgggghhhhhhh!

Al siguiente día, sábado por la mañana, me habló él. Tendríamos nuestra reunión de asesoría. Quise cancelar, pero tenía que saber si había sido él. Me pidió de favor si lo podía ver en otro lado. Le dije que sí. Me levanté, me bañé y puse demasiado empeño en mi arreglo ese día. Si alguien quería burlarse de mí o hacerme una escena de celos tendría que verme guapísima y no permitiría que nadie me humillara. Mi orgullo, ¡ése no se pisoteaba!

Llegué al lugar indicado. Ahí estaba él. No pude evitar ver su cara de asombro cuando me vio. Yo veía discretamente para todos lados, realmente esperaba que llegara la tal Teresa a armarme un escándalo. Quería que se presentara, sólo para darme el gusto y dejarle en claro que entre él y yo no había nada. Mi sorpresa fue que no llegó. Él caminó hacia mí, me tomó de la cintura y me abrazó muy fuerte. Yo me detuve en sus brazos. ¿Por qué me estaba abrazando? Me separé de él y me vio de arriba para abajo y viceversa y me dice, "¡Wow maestra, viene súper guapa a darme clases!" Yo me puse muy nerviosa y me reí. Él seguía teniendo ese efecto en mí. Le pedí que me acompañara a mi camioneta. Yo no había borrado los mensajes.

Puse mucha atención a su cara cuando llegamos. Me dice "¡Ajas maestra, trae un pretendiente!" Yo medio sonreí.

- "No lo sé…creo que no es para mí…me parece que se equivocó la persona," le dije.

Él se puso nervioso, se rió.

- "No creo que se haya equivocado. Usted no está para que uno se equivoque," dijo.

Lo vi extrañada. Me observó nervioso y carraspeó.

- "Fui yo," dijo.

- "¿Cómo?" le pregunté.

- "¡Sí! Fui yo quién escribió éso.'

Sentí como empezaba a subirme el calor. Mi corazón palpitaba a mil por hora. No sé ni qué pensé. Sentí que me temblaba el labio. No lo podía creer. ¿Acaso se estaba burlando de mí?

- "Perdón, no sé de qué forma decírtelo…," dijo. Mientras yo lo contemplaba extrañada.

- "¿Por qué? A mí no me molesta que andes con Teresa… ¿por qué has querido molestarme así? ¿Sabes qué? No digas nada…me voy," dije, al tiempo que buscaba mis llaves. Sabía que si me quedaba me iba a poner a llorar.

- "No existe Teresa… Teresa eres tú…. No sabía de qué forma acercarme sin que me rechazaras… perdón, pensé que si te dejaba esos mensajes ibas a captar que tú eres mi Teresa… que había sido yo quién los escribió para ti…"

Para cuando terminó de explicarme yo ya sentía mis lágrimas rodando por mis mejillas. Se acercó y me abrazó y yo dejé que me abrazara.

Fuimos a platicar a un lugar cercano. Me explicó lo de Teresa y sus razones para hacerlo. Le dije lo que yo había pensado un día antes y no paró de reír. Me hizo broma porque yo me había arreglado para verlo y portarme grosera y me decía "¡Eres mala Teresa!"

Me sentí muy halagada, muy enternecida por lo que había hecho. Entendí que él no se quería alejar de mí. Le dije que podíamos empezar por ser amigos pero que no me hostigara en la facultad. Ambos reímos. En mi interior estaba feliz de ser ¡esa tal Teresa!

Las notas en el retrovisor de mi camioneta se hicieron más común y yo las aceptaba con mucho gusto.

Cartas

Había quedado claro que en la facultad teníamos que llevar la relación alumno/maestra. No era mucho el tiempo que podíamos compartir fuera de la escuela. Él se la pasaba trabajando y yo los fines de semana salía fuera de la ciudad. Llegó un día con un sobre y me lo entregó después de clases. "Voy de prisa, pero ésto es para ti," me dijo. Tomé el sobre y lo guardé. Lo tendría que abrir hasta mi hora de receso o después de clases. Al finalizar el día, me dirigí a mi cubículo y saqué el sobre. Era una carta. Una carta dónde iniciaba una conversación y quería que yo le diera seguimiento… cuéntame de tu día, ¿qué comiste, qué vas a hacer el fin de semana?…te ves hermosa hoy… y así empezamos a escribirnos cartas. Contándonos todo y de todo. Él me la entregaba por la mañana y yo remitía la contestación al siguiente día. Tal vez hubiese sido más fácil hablarnos por teléfono, pero él salía de trabajar cuando yo ya estaba dormida. Esto de las cartas nos resultaba divertido y estábamos conociendo mucho el uno del otro. Yo siempre he sido de las personas que escriben lo que sienten, escribirle a él lo que pensaba me era más fácil que decírselo. Las cartas le dieron a él la llave para conocer realmente quién era yo. Las cartas me dieron a mí el sentir de que no estaba sola. Las cargaba conmigo y las leía a todas horas. Lo llevaba conmigo todo el día.

Un día, mientras paseábamos, me entregó una tarjeta que decía – ¿quiéres ser mi novia?—y yo le contesté… aún no, pero yo creo que ¡ya merito! Sonrió. Se me acercó, me abrazó y me dijo, "Me parece perfecto, entonces no eres mi novia, eres mi ya merito."

<u>Flores</u>

A la mayoría de las mujeres nos gustan las flores, yo no voy a ser la excepción. La primera vez que recibí un arreglo floral de su parte yo acababa de llegar de un viaje. Le había dejado copia de mis llaves a una amiga porque yo estaba en medio de la mudanza y él iba a hacerme el favor de cambiar unos muebles que me faltaban. Recuerdo que llegué por la noche, abrí la puerta del departamento y en cuanto prendo la luz, ahí estaba un enorme y hermoso arreglo floral con una tarjeta que decía –Teresa. Fue una sorpresa maravillosa. Le mandé un mensaje de texto para agradecerle. Él estaba trabajando, lo leería en una oportunidad que tuviera.

Las flores se hicieron parte de su sello. No siempre eran arreglos. De hecho me gustaba mucho cuando era una sola flor, ya que siempre las acompañaba con alguna explicación:

- **Lirios:** amor y poder;
- **Rosas:** amor y pasión;
- **Gardenia:** amor secreto;
- **Orquídea:** sensualidad pura;
- **Flor de cerezo:** belleza efímera;
- **Tulipán:** amor perfecto;
- **Clavel:** amor y revolución.

Las flores se hacían presentes en cualquier momento: En la camioneta, en el cubículo, con las cartas. No había razón, más que el hecho de sorprenderme.

Serenata

La primer serenata: El departamento en el que yo vivía estaba en un segundo piso; la ventana de mi recámara era muy amplia y daba hacia la calle. Dormía yo profundamente con mi pijama térmica, de esas que usan las señoras de edad avanzada, ya que las noches solían ser muy frías. Entre sueños escuché el sonar de unas guitarras. Pensé que eran los vecinos que solían hacer fiestas muy seguido, así que no hice ni el más mínimo esfuerzo por levantarme. Seguido a las guitarras, y tratando de ignorar, escucho con un tono más fuerte—"El primer tonto de tu vida quiero ser… El primer tonto que te amó a ti mujer…" y abrí los ojos, sólo para darme cuenta que las voces y la música venían de abajo de mi ventana. Me levanté, me asomé y ahí estaba él—cantando con sus amigos. Mi corazón a mil por hora. Esperé a que terminaran y les dije que ya bajaba. Mientras voy bajando escucho que cantan—"Sí tal vez pudieras comprender, que no sé cómo expresarme bien… sí tal vez pudiera hacerte ver que no hay otra mujer mejor que tú para mí…"

Abro la puerta.

Lo veo.

Sonrío.

Me doy cuenta de que no me veía nada sexy. Me abraza y me planta un beso.

- ¡Ya eres mi novia!
- ¡Sí!

Él toca la guitarra, le gusta cantar… y apartir de ese día me llenó de serenatas. Sólo y acompañado, con duetos, en grupo, con mariachi, sin mariachi… al oído y al aire libre… pero siempre con mucho amor.

Amor Amor...Del no al Sí

Fernando

Y, como se pueden dar cuenta, llegó el día en que ya no pude ir en contra de lo que sentía. Yo me enamoré. Habíamos pasado tantas semanas conociéndonos, conquistándonos, porque aunque no lo crean, yo también lo llenaba de detalles. Era todo más fácil con él. Yo era yo misma, sin aparentar, sin querer quedar bien. Platicábamos de todo, no siempre estábamos de acuerdo y los dos argumentábamos nuestras ideas, sin enojarnos, sin competir, sin querer ganarle al otro. Simplemente hablábamos y nos escuchábamos. Esas pláticas, ese respeto mutuo ayudó a que yo lo pudiese ver de otra forma.

Yo soñaba despierta, quería pasar mi tiempo libre a su lado. Los días, las horas, se nos hacían cortas. Me veía enamorada... y ¿cómo presumir este amor? En la escuela seguíamos siendo alumno/maestra. Y las cosas tendrían que seguir así por un buen rato. ¿Se acuerdan de esta telenovela que les dije?—Teresa— pues según el galán de ella se llamaba Fernando, así que...si yo era Teresa, él tenía que ser ¡Fernando! Y así lo llamé: Fernando, mi Fernando.

Como pueden ver la muestra de amor más idónea que recibí de él fue su paciencia. Yo buscaba excusas mientras él encontraba razones. A mis mil negativas él les diseñaba dos mil positivas. Utilizó el tacto, la bondad y la simpatía hasta lograr establecer conversación conmigo. Su sentido de creatividad lo hizo cambiarme el nombre para poder hablar de mí conmigo; consiguiendo así que yo me relajara.

Luego empezaron los detalles. Con él aprendí que las flores no sólo tienen nombre si no también un significado; que un arreglo floral te enchina la piel, pero una flor individual causa el mismo efecto. Descubrí que el interés por expresar cariño tiene cara de notas escritas en las ventanas de tu coche. También aprendí que un grupo de amigos llevan las mejores serenatas y que son los mejores cómplices cuando se trata de sorprender. Me di cuenta que hay canciones diseñadas para expresar lo que no te atreves a decir y que quedan impregnadas en tu corazón a través de los años. Comprobé que las cartas escritas a mano superan mil veces los textos o los e-mails. Pero sobretodo entendí la diferencia entre prometer y cumplir; entre ser un caballero y un patán; entre decir 'te quiero' y realmente sentirlo. Lo que yo tenía frente a mí era un hombre diseñado a la antigua, cosa que terminó descubriendo conmigo. No era él, no fui yo, fueron las circunstancias. Juntos nos descubrimos y entre cortejos de antigüedad terminamos enamorados.

Acabé por cambiarle el nombre para poder hablar de él. Desconocía hasta que punto esta relación podría afectar mi situación laboral. Nos mantuvimos en secreto algunos meses, dejando que todo mundo imaginara y especulara lo que quisiera. Ésto que estábamos viviendo era muy nuestro, era nuevo y era mágico.

Rediseñamos nuestro proyecto de vida y nos convertimos en los novios eternos: amándonos con libertad y respeto. Aceptándonos tal cual. Rectificando que el amor es paciente y servicial, que no impone ni obstaculiza. Escogimos caminar juntos de la mano, lado a lado, desbalanceando el universo. Una vez que estuvimos listos: ¡Lo gritamos a los cuatro vientos y nos dimos nuestro nombre real! ¡Si lo sabía Dios, que lo supiera el mundo!

Al final, encontramos lo que no sabíamos que buscábamos. Tuve lágrimas—pero fueron mis lágrimas de alegría.

En él encontré a mi compañero de vida, mi esposo y padre de mis hijos. Con él diseñé ¡mi propia telenovela!

CONCLUSIÓN

Les comparto mi historia porque sigo creyendo que el mundo está de cabeza y que al igual que yo, muchos creen que allá afuera no existe la persona indicada para ustedes. Quizás no es que no exista, si no que tenemos miedo de abrir diferentes puertas. Seguimos con los 'deberes' y las 'ideas' preconcebidas. Limitándonos a lo que conocemos porque lo desconocido nos causa desconfianza. No les estoy diciendo que no hay patanes, ni patanas, ni que tampoco les van a romper el corazón. Les estoy compartiendo que cuando sabemos exactamente lo que no queremos y aprendemos a amar nuestra libertad, es más fácil que la vida te sorprenda cuando menos lo esperas, con quien menos lo esperas. Dejemos de buscar amor con lo primero que encontremos, de brincar de una relación a otra llenando vacíos. Esperemos a que nos toquen la puerta. Aprendamos a desnudar el alma, no el cuerpo. Tómate tu tiempo para escoger. Al final, quieres a alguien que valga la pena para toda la vida, no para un rato. ¿Por qué tienes que conformarte con un 'peor es nada'? si tu eres lo más bello y más preciado que tienes en el mundo. Respeta y respétate. Se trata de estar con alguien que te regale lágrimas de alegría no dolor en el corazón.

No me voy a sentar aquí a escribir que somos la pareja perfecta, porque no lo somos, ni mucho menos pretendemos serlo. Puedo decirles que somos buen equipo, que nos levantamos con la convicción de seguir creando aventuras. Que el respeto, la admiración y el apoyo es mutuo. Que estamos unidos en libertad: Ni yo soy dueña de él, ni el es dueño de mí. Somos seres independientes y autosuficientes que decidieron unir sus vidas. Que desde el día uno caminamos lado a lado, soñando, creando, empezando de cero las veces que sean necesarias, pero juntos. Somos creyentes de que las relaciones se trabajan de forma recíproca, no inequitativa. Y que mientras exista amor seguiremos trabajando juntos.

Somos una pareja que decidieron formar una familia. Unos padres que pretenden modelar con el ejemplo. Nos equivocamos, sí, pero pretendemos que nuestros hijos vean que en una relación, aparte de amor, hay respeto, congruencia, valores, libertad y comunicación. Que si hay desacuerdos, éstos se hablan y nunca nos vamos a la cama enojados. Que la edad es un número, que uno es tan joven como se sienta y que vale la pena luchar por lo que vale la pena tener.

Somos personas reales, somos como tú, y seguimos tropezando, aprendiendo, creciendo, pero siempre en busca de la Felicidad.

Hasta pronto…

Amor Amor...Del no al Sí

"Y si vuelvo a nacer que la vida me cruce nuevamente contigo…"

Alicia

Nuestra Primer Foto

Fernando y Teresa

Amor Amor...Del no al Sí

AGRADECIMIENTOS

Con todo mi cariño.

A mi esposo, por darme las mejores historias y escogerme todos los días.

A mis hijos, por darme amor incondicional.

A mi madre, por tanta fortaleza y corazón.

A mi padre, hasta el cielo, por retar mi capacidad máxima.

Maestro Francisco Navarro Lara y familia: Paqui, Francisquete y Cecilia, por mostrarme el camino al Everest y no soltarme.

A PIXEL Diseño y Publicidad: Hector, Nancy y Ximena, por escucharme y darle vida a mis emociones. Su creatividad rebasa mis expectativas. Somos un gran equipo.

A USTEDES: por tomarse el tiempo de leerme.

Made in the USA
Las Vegas, NV
13 August 2021